古布の絵

衣笠正子

撮影　小林庸浩

母へ

序文

衣笠祥雄

妻の母、泉由美は京都という町の風景の中に溶け込むようにひっそりと生きている人である。その中で育まれた感性が、何かを作り出す静かなエネルギーをも生み出しているように思われる。

結婚以来、私はその母が作り出す作品に目を見張る思いがしていた。子供への愛、物への愛がその一つ一つに溢れていて、ほほえましく、また美しい。

それが人の目に触れさせようなどという気が全くなく、勧めても展覧会など晴れがましいことの全く嫌いな人である。このまま散逸してしまうことは何とももったいないと、妻、正子と話し合っていたが、この度紫紅社の御好意でまとめて出版する機会をいただいた。
母にとっては本意ではないかもしれないが、これは私たちの子供にも伝えうるので、親孝行の一つのつもりと思っているといえば、母も納得してくれるかもしれない。

目次

正月

ハレの日の
神遊びのおもしろさ

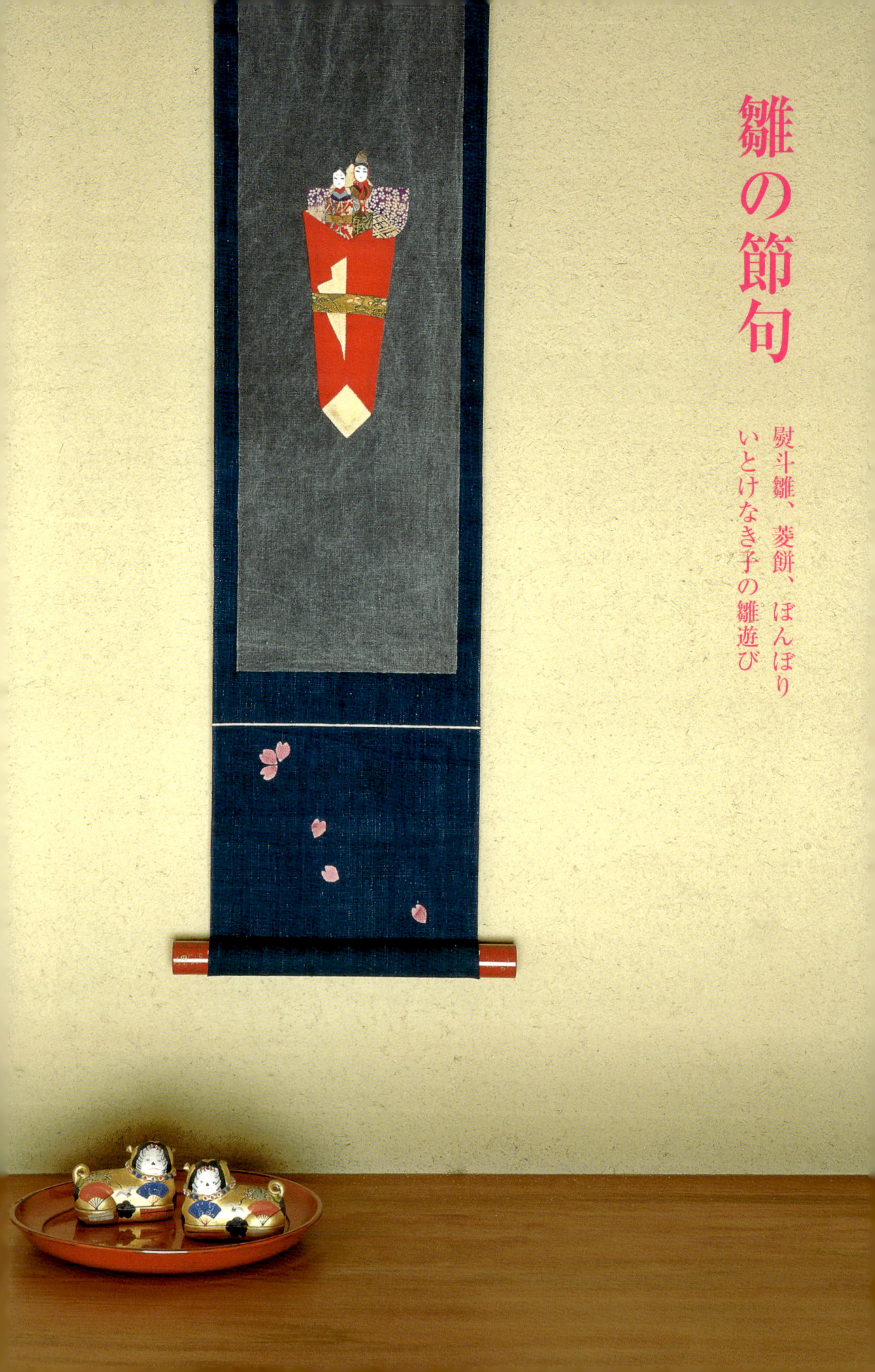
雛の節句
熨斗雛、菱餅、ぼんぼり
いとけなき子の雛遊び

花見

桜は日本の象徴で、母が好む花。
ことに散り際の美しさに、
想いを託しているのでしょう。
裏の色にも花を思わせて……

端午の節句

柱につけた背の丈。
兄の成長を楽しんでいたことが、細かい細工にうかがえます。

初夏の涼風

夏が近づくと、
京都の暑さをしのぐのは、
目で見た涼しさ。

初秋・実り

とんぼの羽根の透けや、
浮き出たほおずきの葉脈に、
はっとするほど想いが伝わります。

月見

様々のうさぎの風情は、
母の綴ったおとぎ話。

寒椿

冬の寒さ厳しい時も、
深い緑の葉のなかに
紅と白の色が
浮かぶように咲く　椿の花。
いにしえより
聖なる樹にたとえられて、
その造り花は
東大寺　修二会の
観音様にも飾られます。

貌百態

表情から人は驚くほど多くのことを読みとります。
「目は口ほどに」というように、顔にあらわれる表情は、
まるでことばと変わらないほどのものを持っているのです。
だからこそ母は顔の様々な表情を見ることに惹かれ、
それから色々なことを読みとったのでしょう。

原画　林静一

原画　ホリヒロシ

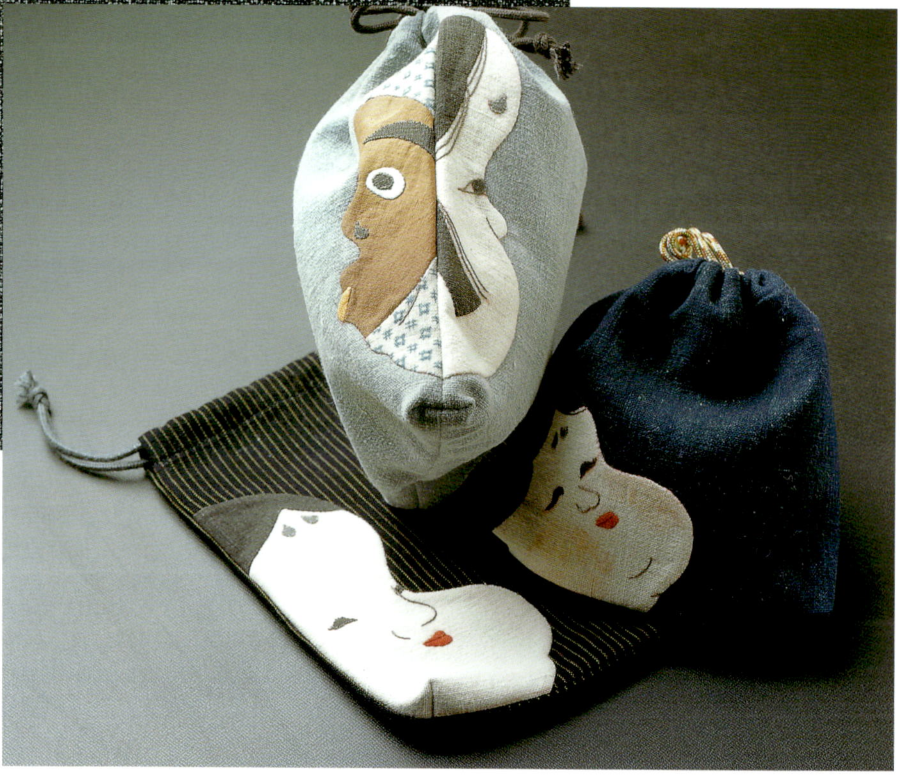

私的鳥獣戯画

なぜ擬人化された動物は、
こんなに微笑ましく、滑稽で、愛らしいのでしょう。
猫が「トザイトーザイ」と口上を述べたり、
一心太助のように魚を売ったりする情景には、
誰しも頬をゆるませる。
それは、本来動物のするはずもない姿なのですが、
母はそこに「猫らしさ」「猿らしさ」を表わしています。
猫の「賢らしさ」、
猿の「もっともらしさ」が感じられて
はじめて、滑稽さが増すのでしょう。

大福帳

子供遊び

子供たちの
喜びは
親にとっての
遊び心に
通じるものが
あるのでしょう。

金

二文
五文

暮らし草紙

日々の暮らしの中で
身近になれ親しんだものたちを、
丹念にうつしたものは、
まるで母の日記のようです。

巳

あとがき

衣笠正子

「古布の絵」は母、泉由美の作品です。
使い込まれた古い布ならではの独特の味わいを活かしながら、丹念に一針一針、その布の上にまた布を重ねて、まるで絵を描くように縫いつけて形を表現しています。そのような仕事を見ていた祖父が「古布の絵」と名付けたようです。
元々とても手先の器用な人で、私が物心つく頃には、私たちが身に着けるものや回りのものには、母の手による刺繍が必ずあったような気がします。やがて孫たちの回りも母の手になるもので揃えられました。
いつの頃からか、母は日本の古い染めや織りに惹かれるようになりました。若い頃は洋風のものが好みであったのが、自らの作り出すものと古い布との出会いに最高の調和を見出したようです。
京都という土地柄のゆえに、素材となる古布は、寺に立つ市や店で見つけたりします。見つけた布は染め直すようなことはせず、そのままの風合いを活かします。例えば作品の中にもあるように、すきとおったとんぼの羽根や、葉脈の浮き出たほおずきの袋など、素材をそのまま活かすのです。布に出会って、それが生まれたのか、それをしたいために丹念にそういう生地を探したのか……とにかく糊などはいっさい使わず、ぽつぽつと縫い上げていくのです。

同じものを二つと作ることをしないので、差し上げたりして手元に残るものも少なくなっていきます。母は表に立つことが嫌いな人で、展覧会とか作品集というと、とても嫌がるのですが、思い出のつまったものばかりなので、お勧めもあり、何かのかたちで残したいと本にすることにしました。

これは私にとっては母からの贈り物であると同時に、日本古来の風物や習慣、身の回りの小さなものたちへの愛情を、時をかけ、手間をかけて少しずつ作り上げていった母の綴った日記だと思えます。私ひとりでなく、皆様にも見ていただいて、過ぎていったよき時代の雰囲気をもお味わいいただければとても幸せです。そして母にもこれを機会にもっと思い出を作って欲しいと願っています。

最後になりますが、この本を上梓することが出来たのも、ひとえに「てっさい堂」貴道裕子さんのおかげと心から深く深く感謝しております。

本書は、一九九九年に出版後、長らく絶版となっていましたが、皆様のご要望にお応えして復刻いたしました。

古布の絵

二〇一三年六月一日　発行
定価＝本体二八〇〇円（税別）

序　文——衣笠祥雄
著　者——衣笠正子
撮　影——小林庸浩
編　集——花林舎
発行者——吉岡幸雄
発　行——株式会社紫紅社
〒六〇五—〇〇八九
京都市東山区古門前通大和大路東入ル元町三六七
電　話＝〇七五—五四一—〇二〇六
ＦＡＸ＝〇七五—五四一—〇二〇九
http://www.artbooks-shikosha.com/
印　刷——ニューカラー写真印刷株式会社
製　本——新日本製本株式会社

ISBN 978-4-87940-607-1 C0072